Backen ohne Schnickschnack

Es gibt sie noch,
„die Rezepte aus Omas Backstube"

Günter Richter

Backen ohne Schnickschnack

**Es gibt sie noch,
„die Rezepte aus Omas Backstube"**

EDITION XXL

Vorwort

In unserer hektischen Zeit, im Zeitalter von Tiefkühl-Sahnetorte und Fertigbackmischungen, erinnern sich viele gerne an die leckeren Backwerke aus Omas Küche zurück. So auch ich. Aus einfachen Zutaten entstanden die leckersten Kuchen und Torten, damals allerdings noch mit großem Zeit- und Kraftaufwand.

Wenn meine Oma heute lebte, dann würde sie sich den Neuerungen der Technik wie Elektroherd, Handrührgerät, Mikrowelle, Tiefkühlschrank usw. sicher nicht verschließen. Doch ein Fertigkuchen aus dem Supermarkt käme auch heute nicht auf ihren Tisch. Deshalb habe ich in diesem Buch ihre Rezepte an die heutige Arbeitsweise angepasst.

Achten Sie beim Kauf der Zutaten auf beste Qualität – Oma hat sie früher im kleinen Tante-Emma-Laden um die Ecke gekauft –, dann gelingen Ihre Backwerke garantiert.
Außerdem sind sie so einfach herzustellen, dass auch die Kleinen mithelfen können. Was gibt es Schöneres, als der Oma beim Backen zu helfen und voller Ungeduld auf das erste Stück Kuchen zu warten, wenn der Duft von frischem Gebäck durch die Räume zieht.

Ein Genuss, den man nicht mehr vergisst!

Ihr Günter Richter

Inhalt

Ratgeber

Schon Oma hat beim Backen viele kleine Kniffe und Tricks angewandt, um damit ein großartiges Ergebnis zu erzielen: Backen ohne Schnickschnack!

Äpfel

Verschiedene Sorten gemischt ergeben immer wieder ein neues Geschmackserlebnis. Harte Äpfel oder Obst blanchieren. Dazu Wasser zum Kochen bringen, einige Tropfen Zitronensaft hinzufügen und die Äpfel mit der Kelle einlegen. Nach einigen Minuten das Obst wieder herausnehmen und abtropfen lassen.

Backpulver

Immer genau nach Rezept verwenden, bei zu viel fallen die Kuchen zusammen.

Butter

Sie sollte Zimmertemperatur haben, so lässt sie sich am leichtesten verarbeiten.

Biskuitboden

Dieser lässt sich gut einfrieren. Biskuitabfälle und -brösel eignen sich gut zum Bestreuen des Bodens bei gebackenen Obstkuchen, die dann nicht so schnell durchweichen.

Cremes

Wenn etwas Creme übrig bleibt, so kann diese problemlos eingefroren werden.

Eier

Möglichst normale Größe (M, etwa 60 g) und frisch kaufen. Beim Aufschlagen von Eiweiß den Zucker immer sofort zugeben. Das ergibt einen schönen steifen Schnee. Sehr wichtig ist außerdem, dass fettfreies Geschirr verwendet wird. Übriges Eiweiß lässt sich gut einfrieren.

Fett

Nach Möglichkeit ungehärtetes Fett oder Margarine kaufen. Ihr Cholesterinspiegel wird es Ihnen danken.

Frischhefe

Diese schmeckt am besten. Wenn Sie es eilig haben, kann bei den Rezepten der Hefeanteil auch um 50 % erhöht werden. Ansonsten gilt: Dem Hefeteig Zeit zum Reifen lassen. So kann er seine feine Struktur und den feinen Geschmack entwickeln.

Gewürze

Stets vorsichtig dosieren, sie sollen nicht vorschmecken.

Krokant

Er lässt sich auf Vorrat herstellen und in geschlossener Dose trocken lagern. Krokant verfeinert auch Eis und Süßspeisen.

Mehl

Immer fein sieben, dabei wird es mit Sauerstoff angereichert. Dies ist z. B. bei Biskuitteig sehr wichtig, damit eine voluminösere Masse entsteht.

Mandeln

Stets mit der Schale reiben. Das ergibt den einzigartigen Geschmack. Nüsse schmecken am besten, wenn man sie röstet (auf dem Blech im Ofen bei 200° C leicht braun werden lassen). Nach dem Abkühlen die Schalen mit der Hand abreiben.

Milch

Wenn keine im Haus ist, kann man Dosenmilch (7,5 % Fett) mit der gleichen Menge Wasser verdünnen und anstelle von Frischmilch verwenden.

Obst

Wenn es nicht geschält wird, waschen und abtrocknen. Bei Dosen gute Ware kaufen und gut abtropfen lassen.

Sahne

Sie sollte nicht ganz frisch sein, aber gut gekühlt. Abgelagerte Sahne lässt sich leichter aufschlagen, hat einen besseren Stand und mehr Aroma.

Schokolade

Zum Glasieren entweder eine Fettglasur oder Kuvertüre kaufen. Beim Erwärmen von Kuvertüre etwas Kokosfett oder anderes Fett hinzufügen, sonst wird die Glasur grau.

Teig

Vor allem Mürbteig immer schnell glatt arbeiten und nicht zu lange kneten, da er sonst bröselig wird. Grundsätzlich lassen sich alle Mürbteige, Hefeteige und Strudelteige einfrieren. Dazu größere Mengen herstellen, in Portionen aufteilen, in Folie einschlagen und einfrieren. Bei Bedarf auftauen lassen und wie einen frischen Teig verarbeiten.

Zucker

Je feiner der verwendete Zucker ist, desto feinporiger und lockerer wird das fertige Gebäck.

Zutaten:

Für eine Kastenform: ca. 20 x 9 cm

Für den Rührteig:
125 ml geschmacksneutrales
Pflanzenöl, z. B. Sonnenblumenöl
125 g Zucker
3 kleine Eier
65 g Mehl
65 g Speisestärke

½ Päckchen Backpulver
4 cl Eierlikör

Außerdem:
Backpapier

Zubereitung:

1. Die Kastenform mit Backpapier
auslegen, denn nur mit Backpapier in
der Form wird der Kuchen schön
saftig.

2. Den Backofen auf ca. 180° C
vorheizen.

3. Das gesiebte Mehl mit der Speisestärke und dem Backpulver mischen.
Öl, Zucker und Eier in eine Rührschüssel geben, die Mehlmischung
hinzufügen und mit den Knethaken
des Handrührgerätes ca. fünf Minuten
kräftig durchrühren. Dabei den
Eierlikör dazugeben.

4. Den fertigen Teig in die Form füllen und in den Backofen schieben.
Nach 10 Minuten den angebackenen
Kuchen mit einem scharfen Messer ca.
1 cm tief der Länge nach einschneiden.

5. Je nach Backofen 30–40 Minuten
fertig backen. Danach den Kuchen
vorsichtig aus der Form auf ein
Kuchengitter stürzen und wenden
(Wölbung nach oben).

Tipp:
Bei diesem Rezept wird keine Butter
oder Margarine, sondern Öl als
Geschmacksträger verwendet. Dies
macht den Kuchen zusätzlich
besonders saftig und lange haltbar.

72

Eierlikörkuchen

Zutaten:

**Für eine runde Springform
mit 26 cm Durchmesser**

Für den Rührteig:
5 Eier, 300 g Zucker
300 g Möhren, 300 g Mandeln
150 g Mehl, 10 g Backpulver
1 Msp. Zimt, 1 Msp. Nelken

Außerdem:
Backpapier

Für den Guss:
150 g Puderzucker
20 ml Wasser, 20 ml Kirschwasser

Zum Garnieren:
1 kleine Möhre

Zubereitung:

1. Das Eigelb von dem Eiweiß trennen und anschließend das Eigelb mit 150 g Zucker schaumig schlagen.

2. Das Eiweiß mit dem restlichen Zucker zu steifem Schnee schlagen.

3. Möhren schälen und fein reiben. In die Eigelbmasse leicht einrühren.

4. Gesiebtes Mehl, geriebene Mandeln, Backpulver und Gewürze gut vermischen. Mit dem steifen Eischnee unter die Eigelbmöhrenmasse rühren.

5. Eine Springform mit Papier auslegen. Die Masse einfüllen und im vorgeheizten Backofen bei 170° C ca. 60 Minuten backen.

6. Den Kuchen etwas abkühlen lassen.

7. Wasser und Kirschwasser mit dem Puderzucker in einer kleinen Schale mit einem Schneebesen zu einer glatten Glasur verrühren und mit einem Pinsel auf dem ausgekühlten Kuchen verstreichen.

8. Fein gehackte Möhrenstücke gleichmäßig über den Kuchen streuen.

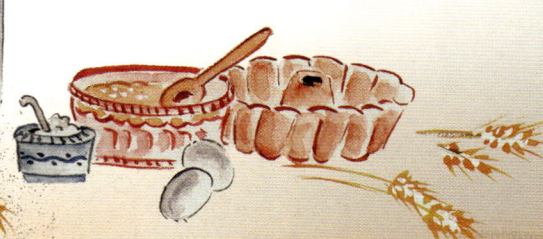

Zutaten:

Für eine Kastenform: ca. 25 x 10 cm

Für den Rührteig:
250 g Butter
200 g Zucker
4 Eier
500 g Mehl
1 Pck. Backpulver
1 Prise Salz

etwas abgeriebene Zitronenschale
⅛ l Milch
30 g Kakao

Zum Bestreichen:
100 g dunkle Schokoladenkuvertüre

Zubereitung:

1. Butter und Zucker schaumig rühren. Nach und nach die Eier zugeben.

2. Das mit dem Backpulver gesiebte Mehl, das Salz, die Zitronenschale und die Milch hinzufügen und mit einem Kochlöffel glatt rühren.

3. ⅓ der Masse abnehmen und mit dem Kakao verrühren.

4. Die Kuchenform einfetten. Die Hälfte der weißen Masse einfüllen, darauf die dunkle Masse geben, dann den restlichen weißen Teig darüber streichen. Anschließend die helle und dunkle Masse mit einer Gabel durch Drehen vermischen und marmorieren.

5. Den Kuchen im auf 180° C vorgeheizten Backofen ca. 60 Minuten backen. Den fertigen Kuchen aus der Form stürzen und abkühlen lassen.

6. Die Kuvertüre vorsichtig erwärmen und den abgekühlten Kuchen damit bestreichen.

Marmorkuchen

Zutaten:

Für eine runde Kranzform
mit 28 cm Durchmesser

Für den Rührteig:
250 g Butter
250 g Zucker
4 Eier
500 g Mehl

1 Pck. Backpulver
125 ml Milch
150 g geriebene Haselnüsse

Zum Verzieren:
150 g Nussglasur
1 EL geriebene Haselnüsse

Zubereitung:

1. Butter und Zucker schaumig rühren. Nach und nach die Eier zugeben.

2. Das mit dem Backpulver gesiebte Mehl zu den geriebenen Haselnüssen geben und gut mischen.

3. Die Mehlmischung und die Milch abwechselnd mit einem Kochlöffel unter die schaumige Buttermasse rühren.

4. Den Teig in die gefettete Form füllen.

5. Im vorgeheizten Backofen bei 180° C ca. 50 Minuten backen.

6. Auf einem Gitter abkühlen lassen, mit der flüssigen Nussglasur bestreichen und mit den Haselnüssen bestreuen.

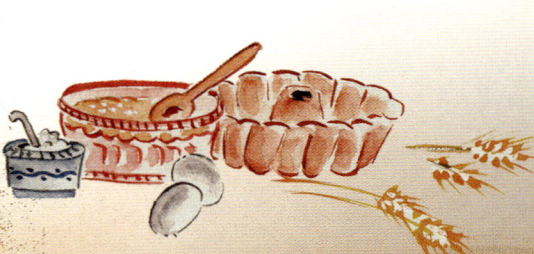

Zutaten:

Für eine runde Kranzform
mit 25 cm Durchmesser

Für den Rührteig:
200 g Butter
200 g Zucker
3 Eier
200 g Mehl
½ Pck. Backpulver

20 g Kakao
1 Msp. Zimt
125 g geraspelte Blockschokolade
⅛ l Rotwein

Für den Guss:
150 g dunkle Schokoladenkuvertüre

Zubereitung:

1. Die Butter mit dem Zucker schaumig schlagen.

2. Nach und nach die Eier einrühren.

3. Mehl mit Backpulver, Kakao und Zimt auf ein großes Stück Papier sieben. Anschließend mit der Blockschokolade vermischen und mit der schaumigen Buttermasse und dem Rotwein verrühren.

4. Die Masse in die gefettete Form füllen und im vorgeheizten Backofen bei 180° C ca. 45 Minuten backen.

5. Anschließend den Kuchen in der Form ca. 15 Minuten stehen lassen und dann zum Auskühlen auf ein Gitter stürzen.

6. Die Kuvertüre nach Packungsanleitung im Wasserbad schmelzen und den Kuchen damit überziehen.

Rotweinkuchen

Zutaten:

Für ein Randblech: ca. 35 x 40 cm

Für den Teig:
370 g Mehl, 30 g Backpulver
30 g Kakao
800 g feine Kuchenbrösel oder fein
geriebene Löffelbiskuits
300 g Zucker, 300 g Sultaninen
1 TL Zimt, 1 TL Muskat
½ TL gemahlene Nelken
ca. 1 l Milch
½ Fläschchen Rum-Aroma

Außerdem:
Backpapier

Für die Verzierung:
60 g Zucker
1 Eigelb
1 Prise Salz
1 Päckchen Vanillezucker
125 g Butter
250 g Mehl
40 g gestiftelte Mandeln

Zubereitung:

1. Mehl, Backpulver und Kakao sieben und mit den Kuchenbröseln, dem Zucker und den Sultaninen in eine Schüssel geben und gut vermischen.

2. Mit Zimt, Muskat, Nelken und Milch anrühren, bis ein weicher Teig entsteht. (Die Milchmenge muss je nach Art der verwendeten Brösel angepasst werden.) Zum Schluss das Rum-Aroma beigeben.

3. Das Blech mit Backpapier auslegen und die Masse gleichmäßig und glatt darauf verstreichen.

4. Zucker, Eigelb, Salz, Vanillezucker und Butter mit dem Knethaken der Küchenmaschine kurz kneten und anschließend das Mehl beigeben. Gut durchkneten,

den fertigen Teig kurz kalt stellen und danach mit einem Nudelholz ca. 1 ½ cm dick ausrollen.

5. Mit einem Teigrädchen in gleichmäßige Streifen schneiden und die Kuchenmasse im Rautenmuster damit belegen. Mit den Mandeln bestreuen.

6. Im vorgeheizten Backofen ca. 45 Minuten bei 180° C backen und nach dem Abkühlen schneiden.

Tipp:
Der ideale Kuchen, um Ihre Kuchenreste vom vergangenen Wochenende, die letzten Weihnachtsplätzchen oder trockene Butterkekse und Lebkuchen gut zu verwerten.

Gewürzschnitten

Zutaten:

Für eine Kastenform: ca. 25 x 9 cm

Für den Teig:
250 g Butter
250 g Speisestärke
1 Prise Salz
5 Eier
250 g Zucker
5 g Backpulver

Außerdem:
Backpapier
1 A4-Blatt

Für die Verzierung:
50 g Puderzucker

Zubereitung:

1. Die Butter mit der Speisestärke und dem Salz schaumig schlagen.

2. Die Eier unter ständigem Rühren mit dem Handrührgerät oder in der Küchenmaschine nach und nach dazugeben.

3. Den Zucker mit dem Backpulver vermischen und anschließend unter die Masse rühren.

4. Die Kuchenform mit Backpapier auslegen, den Teig einfüllen und im vorgeheizten Backofen bei 175° C backen. Nach ca. 15 Minuten Backzeit den Kuchen mit einem scharfen Messer in der Mitte leicht einschneiden. Bei fallender Hitze ca. 55 Minuten backen.

5. Danach den Kuchen vorsichtig aus der Form auf ein Kuchengitter stürzen und umdrehen.

6. Wenn der Kuchen abgekühlt ist, ein Stück Papier in der Größe des Ausbundes („Hügel auf dem Kuchen") ausschneiden. Die Schablone auf den Kuchen legen und ihn nun mit Puderzucker bestäuben.

Sandkuchen

Zutaten:

Für eine runde Springform
mit 26 cm Durchmesser

Für den Rührteig:
150 g Butter
150 g Zucker
3 Eier
375 g Mehl

¾ Pck. Backpulver
5–6 mittelgroße Äpfel (z. B. Boskop)

Zum Verzieren:
50 g Aprikosengelee

Zubereitung:

1. Die Butter und den Zucker mit dem Handrührgerät oder in der Küchenmaschine schaumig rühren und nach und nach die Eier einarbeiten.

2. Das Mehl mit dem Backpulver sieben und mit der schaumigen Masse verrühren.

3. Den Teig in die gefettete Backform füllen und verstreichen.

4. Die Äpfel schälen, vierteln, entkernen, an den Außenflächen kreuzförmig einschneiden. Mit der Innenseite dicht aneinander in die Kuchenmasse eindrücken.

5. Im vorgeheizten Backofen bei 170° C ca. 40 Minuten backen, anschließend aus der Form lösen und auf einem Kuchengitter auskühlen lassen.

6. Wenn der Kuchen abgekühlt ist, den Aprikosengelee in einem kleinen Topf erwärmen und den Kuchen damit einpinseln.

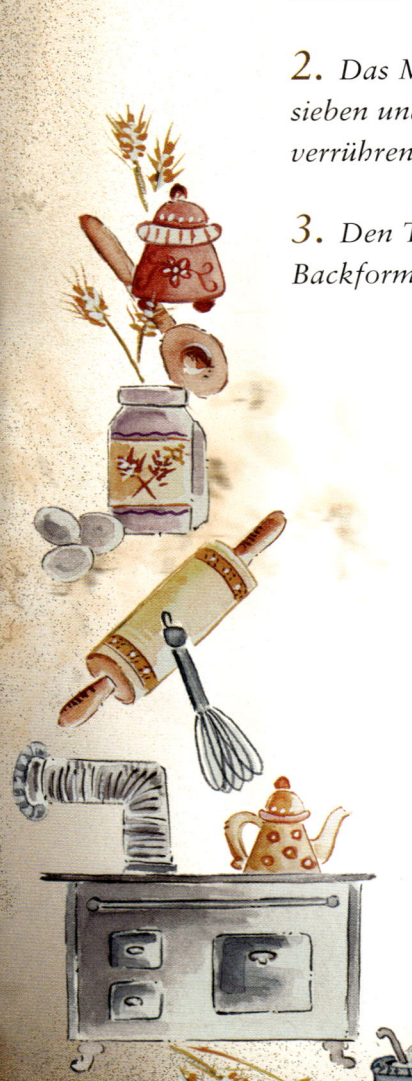

Versunkener Apfelkuchen

Zutaten:

Für ein Backblech: ca. 35 x 40 cm

Für den Strudelteig (2 kleine Strudel à 40 cm, passen auf ein Backblech):
3 Eier, 40 ml Milch
50 ml geschmacksneutrales
Pflanzenöl, z. B. Sonnenblumenöl
300 g Mehl, 100 g Butter

Für die Apfelfüllung:
1 500 g säuerliche Äpfel
200 g Zucker
150 g gehackte Nüsse, leicht
angeröstet
50 g Semmelbrösel, 1 Msp. Zimt

Außerdem:
Backpapier

Für die Verzierung:
etwas Butter, ca. 100 g Puderzucker

Für die Vanillesoße:
1 l Milch, 1 Ei, 200 g Zucker
1 Pck. Vanillepudding

Zubereitung:

1. Alle Zutaten für den Strudelteig mit den Knethaken des Handrührgerätes zu einem glatten Teig verarbeiten und danach in zwei Teile aufteilen (für je einen Strudel). Unter einem feuchten Tuch ca. 15 Minuten ruhen lassen.

2. Die Äpfel schälen, entkernen und fein hobeln. Die Apfelhobel mit dem Zucker, den Semmelbröseln, dem Zimt und den gehackten Nüssen gut durchmischen.

3. Danach die Hälfte des Teiges mit einem Nudelholz quadratisch ausrollen, auf ein sauberes Küchentuch legen und mit den Handrücken vorsichtig und gleichmäßig auf eine Größe von ca. 40 x 40 cm ausziehen.

4. Die dünne Teigplatte (im Idealfall kann man nach dem Ausziehen die „Zeitung" durch den Strudelteig lesen) mithilfe eines breiten Pinsels mit ca. 50 g zerlassener Butter bestreichen.

5. Die Hälfte der Apfelfüllung auf dem Strudelteig verteilen. Das Tuch an zwei Ecken hochziehen und die Teigplatte locker zusammenrollen. Den Strudel auf ein gefettetes oder mit Backpapier belegtes Blech legen, erneut mit flüssiger Butter bestreichen. Den zweiten Strudel ebenso herstellen.

6. Die beiden Strudel ca. 50 Minuten bei 180° C im vorgeheizten Backofen backen.

7. Für die Vanillesoße Milch und Zucker aufkochen. Das Puddingpulver mit etwas Milch und dem Ei in einer kleinen Schüssel glatt rühren. Anschließend in die kochende Milch einrühren. Die Strudel nach dem Backen nochmals leicht mit Butter bestreichen und dünn mit Puderzucker bestäuben. Wahlweise mit Vanillesoße, Eis oder Sahne servieren.

Zutaten:

Für ein Randblech: ca. 35 x 40 cm

Für den Hefeteig:
200 ml Milch
80 g Zucker
2 Eier
1 Msp. Salz
20 g Frischhefe
500 g Mehl
100 g Butter
1 Pck. Vanillezucker
etwas abgeriebene Zitronenschale

Für den Belag:
2 Dosen geschälte Aprikosen
(à 850 ml)
1 l Vollmilch
150 g Hartweizengrieß
100 g Butter
4 Eier
150 g Zucker

Zum Bestreichen:
100 g Aprikosenkonfitüre

Zubereitung:

1. Milch, Zucker und Eier verrühren und zusammen mit der Hefe leicht erwärmen (ca. 30° C).

2. Die Flüssigkeit mit dem gesiebten Mehl, der Butter, dem Salz, dem Vanillezucker und der Zitronenschale mit dem Knethaken der Küchenmaschine zu einem glatten Teig kneten.

3. Den Teig mit einem sauberen Küchentuch abdecken und danach einmal ca. 15 Minuten aufgehen lassen.

4. Anschließend den Teig gleichmäßig ausrollen und auf das eingefettete Blech legen.

5. 750 ml Milch mit der Butter und dem Zucker zum Kochen bringen. Währenddessen 250 ml Milch mit den Eiern und dem Hartweizengrieß anrühren und in die kochende Milch einrühren, bis die Masse fest wird.

6. Die kalte Grießfüllung gleichmäßig auf den Teig auftragen.

7. Die gut abgetropften, halbierten Aprikosen in den Grieß leicht eindrücken.

8. Im vorgeheizten Backofen bei 200° C ca. 40 Minuten backen.

9. Nach dem Backen die Aprikosenkonfitüre in einem kleinen Topf erwärmen, bis sie flüssig wird, und dann mit einem Pinsel den Kuchen damit bestreichen, bis er schön glänzt. Anschließend den Kuchen in gleich große Stücke schneiden.

Aprikosenkuchen

Zutaten:

Für ein Backblech: ca. 35 x 40 cm

Für den Rührteig:
9 Eier
375 g Butter
375 g Zucker
525 g Mehl
1 Pck. Backpulver
50 g Kakao
50 ml Milch
1 Glas Sauerkirschen,
entsteint (850 g)

Für die Creme:
½ l Milch
100 g Speisestärke
150 g Butter, 100 g Zucker
4 cl Rum

Für die Glasur:
300 g Zartbitterkuvertüre

Zubereitung:

1. Bei den Eiern das Eigelb vom Eiweiß trennen. Die Butter mit 175 g Zucker und dem Eigelb schaumig rühren.

2. Das Mehl mit dem Backpulver sieben. Das Eiweiß mit dem restlichen Zucker zu steifem Schnee schlagen.

3. Den steifen Eischnee sanft unter die Buttermasse heben und das Mehlgemisch behutsam einrühren.

4. Kakao und die Milch in einer kleinen Schüssel zu einem dicken Brei anrühren und die Hälfte des Teiges unterheben. Die andere Hälfte bleibt weiß.

5. Die helle Masse auf das eingefettete Blech geben, verstreichen und gefühlvoll die dunkle Masse auftragen.

6. Die gut abgetropften Sauerkirschen gleichmäßig aufstreuen und den Kuchen im vorgeheizten Backofen bei 175° C 40 bis 50 Minuten backen.

7. Nach dem Auskühlen ¼ l Milch mit der Butter und dem Zucker aufkochen. Die restliche Milch mit der Speisestärke verrühren und der kochenden Milch beigeben. Kurz aufkochen lassen.

8. Den Rum einrühren und diese Masse anschließend auf dem Kuchen glatt verstreichen und abkühlen lassen.

9. Die Zartbitterkuvertüre im Wasserbad erwärmen und den Kuchen damit einpinseln. Mit einem Garnierkamm Wellen ziehen. Sobald die Kuvertüre fest ist, den Kuchen mit einem erwärmten Messer in gleich große Stücke schneiden.

Zutaten:

Für ein Randblech: ca. 35 x 40 cm

Für den Mürbteig:
175 g Zucker
350 g Butter
1 Ei
1 Prise Salz
500 g Mehl

Für die Fruchtfüllung:
1 000 g geschälter Rhabarber
250 ml Wasser
30 g Speisestärke
150 g Zucker

Für die Streusel:
200 g Butter
200 g Zucker
400 g Mehl
1 Pck. Vanillezucker

Zubereitung:

1. Zucker, Butter, Ei und Salz in eine Schüssel geben und in der Küchenmaschine oder mit dem Knethaken des Handrührgerätes gut durchkneten. Mehl durchsieben und ebenfalls dazugeben, kneten, bis ein glatter Mürbteig entsteht. Zu langes Kneten vermeiden.

2. Den Teig vor Verwendung etwa eine Stunde kalt stellen. Dazu am besten flach auf ein Brett drücken.

3. Anschließend den Mürbteig auf Blechgröße ausrollen und auf das gefettete Blech legen. Im Backofen ca. 10 Minuten bei 200° C ganz hell anbacken.

4. Den Rhabarber in einer Glasschüssel mit etwas Wasser im Mikrowellenherd bei geschlossenem Deckel andünsten oder auf dem Herd in einem Topf mit etwas Wasser dünsten. Mit einem Kochlöffel gelegentlich rühren, da Rhabarber leicht anbrennt.

5. Wenn der Rhabarber weich ist, ihn etwas abkühlen lassen. 200 ml Wasser aufkochen, die Speisestärke mit dem restlichen Wasser anrühren und dazugeben. Wenn die Masse fest ist, 150 g Zucker und den Rhabarber hinzufügen.

6. Die Fruchtfüllung gleichmäßig auf dem vorgebackenen Teig verteilen.

7. Für die Streusel die Butter, den Zucker und den Vanillezucker verkneten und anschließend mit dem Mehl in den Händen zu Streuseln verreiben. Diese dann über den Rhabarber streuen.

8. Im vorgeheizten Backofen bei ca. 180° C backen, bis die Streusel eine schöne goldbraune Farbe haben. Nach dem Auskühlen in gleich große Stücke schneiden.

Rhabarberkuchen

Zutaten:

Für ein Randblech: ca. 35 x 40 cm

Für den Biskuitboden:
4 Eier, 130 g Zucker, 100 g Mehl
70 g Speisestärke, 1 Msp. Backpulver

Außerdem: Backpapier

Für die Füllung:
1 000 g Stachelbeeren
500 ml Weißwein, 50 g Speisestärke
150 g Zucker
200 g Aprikosenkonfitüre

Für den Mürbteig:
100 g Zucker, 200 g Butter
300 g Mehl

Zum Verzieren:
7 Eiweiß, 200 g Zucker

Zubereitung:

1. Legen Sie das Blech mit Backpapier aus. Eier und Zucker handwarm erwärmen und anschließend schön schaumig schlagen.

2. Mehl, Speisestärke und Backpulver sieben. Anschließend unter die Eiermasse heben. Die Masse auf dem Blech verteilen und im vorgeheizten Backofen ca. 15 Minuten bei 200° C backen. Anschließend auf einer glatten Arbeitsfläche Papier auslegen, die gebackene Teigplatte mit der Oberseite nach unten stürzen und das Backpapier abziehen.

3. Zucker und Butter in eine Schüssel geben und in der Küchenmaschine oder mit dem Knethaken des Handrührgerätes gut durchkneten. Mehl durchsieben und ebenfalls dazugeben, kurz kneten, bis ein glatter Mürbteig entsteht.

4. Rollen Sie den Mürbteig auf die Größe von 35 x 40 cm aus und legen Sie ihn auf das eingefettete Blech. Backen Sie den Teig bei 200° C ca. 10 Minuten goldgelb.

5. Wenn der Mürbteig kalt ist, ihn mit der Aprikosenkonfitüre bestreichen und den Biskuitboden auflegen. Die Stachelbeeren mit etwas Wein in der Mikrowelle oder auf dem Herd andünsten. Darauf achten, dass die Beeren nicht zu weich werden.

6. Die Speisestärke mit etwas Wein anrühren. Den restlichen Wein aufkochen und mit Speisestärke abbinden. Zum Schluss den Zucker und die Stachelbeeren hinzugeben. Die etwas abgekühlte Stachelbeermasse auf dem Biskuitboden verteilen.

7. Eiweiß mit Zucker zu steifem Schnee schlagen und dann mit dem Dressierbeutel und der Sterntülle auf die Stachelbeeren Häubchen spritzen.

8. Bei 150° C ca. 10 Minuten im Backofen abflammen, bis die Spitzen eine schöne hellbraune Farbe haben. Abkühlen lassen und mit einem feuchten Messer vorsichtig schneiden, damit die Baiserhaube nicht zerstört wird.

Stachelbeerkuchen

Zutaten:

Für ein Backblech: ca. 35 x 40 cm

Für den Strudelteig (2 kleine Strudel
à 40 cm, passen auf ein Backblech):
3 Eier, 40 ml Milch
50 ml geschmacksneutrales Pflanzenöl,
z. B. Sonnenblumenöl
300 g Mehl, 100 g Butter

Außerdem:
Backpapier

Für die Füllung:
1 500 g Magerquark
6 Eigelb
100 g flüssige Butter
1 Pck. Vanille-Puddingpulver
4 Eiweiß
100 g Zucker
50 g Rosinen
2 Prisen Salz
abgeriebene Schale von einer
halben Zitrone

Für die Verzierung:
etwas Butter
ca. 100 g Puderzucker

Zubereitung:

1. Die Zutaten für den Strudelteig
mit den Knethaken des Handrührgerätes in einer Schüssel zu einem
glatten Teig verarbeiten und danach
in zwei Teile aufteilen (für je einen
Strudel).

2. Den Teig nach dem Knetvorgang
unter einem feuchten Tuch ca. 15 Minuten ruhen lassen. Danach die

Hälfte des Teiges mit einem Nudelholz quadratisch ausrollen, auf ein
sauberes Küchentuch legen und mit
den Handrücken vorsichtig und
gleichmäßig auf eine Größe von ca.
40 x 40 cm ausziehen.

3. Die dünne Teigplatte (im Idealfall
kann man nach dem Ausziehen die
„Zeitung" durch den Strudelteig lesen)
mithilfe eines breiten Pinsels mit ca.
50 g zerlassener Butter bestreichen.

4. Die Butter in einem kleinen Topf
auf kleiner Flamme flüssig werden
lassen und anschließend mit dem
Magerquark, Eigelb und Pudding-
pulver verrühren. Rosinen, Salz und
Zitronenschale unterrühren. Das
Eiweiß mit dem Zucker zu steifem
Schnee schlagen.

5. Beide Massen zusammenrühren
und die Hälfte davon auf den Strudelteig aufstreichen. Das Tuch an zwei
Ecken hochziehen und die Teigplatte
locker zusammenrollen. Den Strudel
auf ein mit Backpapier belegtes Blech
legen, erneut mit flüssiger Butter bestreichen. Den zweiten Strudel ebenso
herstellen.

6. Die beiden Strudel ca. 50 Minuten bei 180° C im vorgeheizten
Backofen backen. Die warmen
Strudel nochmals leicht mit Butter
bestreichen und mit Puderzucker
dünn bestäuben.

Zutaten:

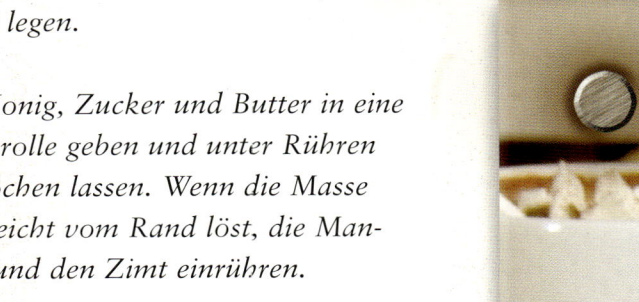

Für ein Randblech: ca. 35 x 40 cm

Für den Hefeteig:
200 ml Milch
80 g Zucker
2 Eier
1 Msp. Salz
20 g Frischhefe
500 g Mehl
50 g Butter

Für den Belag:
90 g Honig
90 g Zucker
120 g Butter
120 g gehobelte Mandeln
1 Msp. Zimt

Für die Füllung:
1 l Milch
150 g Zucker
2 Pck. Vanillepudding
2 Eier

Zubereitung:

1. Milch, Zucker, Eier und Salz verrühren und zusammen mit der Hefe leicht erwärmen (ca. 30° C).

2. Die Flüssigkeit mit dem gesiebten Mehl und der Butter mit dem Knethaken der Küchenmaschine zu einem glatten Teig kneten.

3. Den Teig mit einem sauberen Küchentuch abdecken und danach einmal ca. 15 Minuten aufgehen lassen.

4. Anschließend den Teig gleichmäßig ausrollen und auf das eingefettete Blech legen.

5. Honig, Zucker und Butter in eine Kasserolle geben und unter Rühren aufkochen lassen. Wenn die Masse sich leicht vom Rand löst, die Mandeln und den Zimt einrühren.

6. Die Mandelmischung gleichmäßig auf dem Hefeteig verteilen, das Ganze ca. 20 Minuten in einen warmen Raum stellen und aufgehen lassen.

7. Bei 180° C im vorgeheizten Backofen hellbraun backen.

8. Eier und das Puddingpulver mit etwas Milch in einer kleinen Schüssel mit dem Schneebesen klumpenfrei verrühren. Milch und Zucker zum Kochen bringen und das Puddingpulvergemisch unter ständigem Rühren hinzufügen, aufkochen und abkühlen lassen.

9. Den Bienenstich nach dem Backen und Auskühlen in der Mitte aufschneiden, aufklappen, den Boden mit der Füllung bestreichen und die beiden Hälften vorsichtig wieder zusammensetzen. Anschließend den Kuchen in gleich große Stücke schneiden.

40

Bienenstich

Zutaten:

Für ein Backblech: ca. 35 x 40 cm

Für den Hefeteig:
250 ml Milch
50 g Zucker
1 Ei
1 Pck. Vanillezucker
etwas abgeriebene Zitronenschale
20 g Frischhefe

500 g Mehl
3 Prisen Salz

Für den Belag:
125 g Butter
100 g Zucker
100 g gestiftelte Mandeln
¼ TL Zimt

Zubereitung:

1. Erwärmte Milch, Zucker, Ei, Vanillezucker, abgeriebene Zitronenschale und Hefe in einer Schüssel verrühren. Mehl und Salz beigeben und mit dem Knethaken des Handrührgerätes oder in der Küchenmaschine zu einem Hefeteig verarbeiten. Abgedeckt einmal ca. eine Stunde aufgehen lassen, dann ausrollen, auf das gefettete Blech legen. Ca. 10 Minuten aufgehen lassen.

2. Dann im Abstand von ca. 4 cm mit einem Kochlöffelstiel kleine Vertiefungen machen, die Butter in kleine Stückchen schneiden und gleichmäßig in die Vertiefungen verteilen.

3. Den Zucker mit den Mandeln mischen, den Zimt hinzufügen und diese Mischung gleichmäßig auf dem Hefekuchen verteilen. Abschließend nochmals ca. 10 Minuten aufgehen lassen.

4. Im vorgeheizten Backofen bei 200° C 20–30 Minuten backen, bis die Oberfläche schön goldbraun ist.

5. Den ausgekühlten Kuchen vom Blech schieben und in quadratische Stücke aufschneiden.

Zutaten:

Für eine Gugelhupf-Form
mit 20 cm Durchmesser

Für den Hefeteig:
200 g Mehl
40 g Frischhefe
220 ml Milch
250 g Butter
50 g geriebene Mandeln
3 Eier
1 Prise Salz
100 g Zucker
300 g Mehl
100 g Sultaninen
100 g Zitronat
100 g geröstete Mandelsplitter
50 ml Rum

Zum Verzieren:
50 g Aprikosengelee oder ein
ähnliches Fruchtgelee
50 g Puderzucker
Saft einer halben Zitrone
50 g Mandelblättchen

Zubereitung:

1. Zerbröckelte Hefe und Milch in
einem kleinen Kessel oder einer
Schüssel unter leichtem Rühren handwarm erwärmen und dann unter Zugabe des Mehls in der Küchenmaschine
oder mit dem Knethaken des Handrührgerätes einen warmen Vorteig
herstellen und 30 Minuten stehen lassen (am besten in eine Schüssel geben
und mit einem sauberen Küchentuch
abdecken).

2. Butter, Mandeln, Eier, Salz und
Zucker in einer extra Schüssel zu
einer schaumigen Masse rühren.

3. Anschließend Mehl, Sultaninen,
Zitronat, Mandelsplitter und Rum
unter die Masse rühren, diese mit
dem Vorteig verkneten und in die
Gugelhupfform einfüllen.

4. An einem warmen Ort 30 Minuten stehen lassen und anschließend
mit der Schere ein Zick-Zack-Muster
in die Oberfläche schneiden. Den
Kuchen im vorgeheizten Backofen bei
180° C ca. 50 Minuten backen. Die
Gugelhupf-Form beim Einschieben in
den Backofen nicht schütteln oder
daran klopfen, damit der Teig nicht in
sich zusammenfällt.

5. Den fertigen Kuchen auf einem
Gitter abkühlen lassen. Währenddessen das Gelee unter Beigabe von
etwas Wasser in einem kleinen Topf
erwärmen und dann den Kuchen
damit mit einem Pinsel bestreichen.
Anschließend mit dem Pinsel die aus
Puderzucker und Zitronensaft herge-
stellte Zuckerglasur vorsichtig
aufstreichen, die Mandelblättchen
darüber streuen.

Zutaten:

Für ein Backblech: ca. 35 x 40 cm

Für den Hefeteig: (Wichtig: Alle Zutaten mit Zimmertemperatur verwenden.)
200 ml Milch
20 g Frischhefe
80 g Zucker
1 Ei, 100 g Butter
500 g Mehl, 1 Prise Salz
30 g Rosinen

Außerdem:
Backpapier

Für die Glasur:
50 g Puderzucker
Saft einer halben Zitrone

Zubereitung:

1. Die leicht angewärmte Milch mit zerbröckelter Hefe, Zucker und Ei in einer Schüssel gut verrühren, danach die Butter, das gesiebte Mehl und das Salz dazugeben.

2. Alles mit dem Knethaken der Küchenmaschine kneten, bis der Teig glatt ist und sich vom Schüsselrand löst. Dann die Rosinen hinzufügen und kurz unterkneten.

3. Den fertigen Teig unter einem feuchten Tuch ca. 30 Minuten gehen lassen und danach noch einmal mit den Händen kräftig durchkneten.

4. Den Teig in drei gleiche Teile aufteilen und jeweils drei gleich lange Stränge daraus formen (am besten durch Ausrollen mit flachen Händen auf einer glatten Arbeitsfläche).

5. Die Teigstränge nacheinander von außen nach innen zu einem Zopf flechten, die Enden leicht zusammendrücken und nach unten umschlagen.

6. Den fertigen Zopf auf ein mit Backpapier belegtes Blech legen und an einem warmen Ort ca. 30 Minuten aufgehen lassen. Im vorgeheizten Backofen bei ca. 200° C 40–50 Minuten gut ausbacken.

7. Den fertigen Hefezopf auf dem Blech auskühlen lassen. Den Puderzucker unter Beigabe des Zitronensaftes in einer kleinen Schale gut verrühren und den Zopf damit einstreichen.

Tipp:
Den Hefeteig am Abend zubereiten, abgedeckt an einen kühlen Ort stellen und am Morgen fertig machen. Dieser Teig kann auf Vorrat hergestellt und zur späteren Verwendung problemlos einige Wochen im Tiefkühlfach (in Folie eingewickelt) aufbewahrt werden. Einfach am Abend vor Gebrauch aus dem Tiefkühlfach nehmen und in den Kühlschrank legen.

Zutaten:

Ergibt ca. 18 Stück à 50 g

Für den Hefeteig: (Wichtig: Alle Zutaten mit Zimmertemperatur verwenden.)
¼ l warme Milch
1 Ei
20 g Frischhefe
50 g Zucker
30 g Butter
500 g Mehl
1 Msp. Salz

Für die Füllung:
500 g Marmelade

Außerdem:
Fett für die Fritteuse
Puderzucker zum Bestäuben

Zubereitung:

1. Die erwärmte Milch mit zerbröckelter Hefe, Zucker und dem Ei in einer Schüssel gut verrühren, danach die Butter, das gesiebte Mehl und das Salz dazugeben.

2. Alles mit dem Knethaken der Küchenmaschine kneten, bis der Teig glatt ist und sich vom Schüsselrand löst.

3. Den fertigen Teig unter einem feuchten Tuch ca. 30 Minuten gehen lassen und danach noch einmal mit den Händen kräftig durchkneten.

4. Den Teig in 18 Teile teilen. Schöne Kugeln formen und etwas angehen lassen (10 Minuten).

5. Dann platt drücken auf ca. 12 cm Durchmesser. Die Krapfen aufdrücken und mit einem Löffel Marmelade einfüllen. Den Rand jeweils wieder nach oben ziehen und die Krapfen fest verschließen!

6. Mit der glatten Seite nach oben auf ein Tuch oder Blech legen und gehen lassen, bis sie doppelt so groß sind.

7. Das Fett auf 180° C erhitzen und die Krapfen bei geschlossenem Deckel ausbacken. Dabei darauf achten, dass die Krapfen mit der Verschluss-seite nach oben in das Fett eingelegt werden. Nach drei Minuten müssen die Krapfen gewendet werden.

8. Die fertigen Krapfen mit einer Schaumkelle herausnehmen und auf einem Gitter oder auf Küchenpapier abtropfen lassen.

9. Nach dem Auskühlen mit Puderzucker bestäuben.

Krapfen

Zutaten:

Für eine runde Kranzform
mit 26 cm Durchmesser

Für den Teig:
20 g Frischhefe
200 ml Milch, 500 g Mehl
50 g Zucker, 50 g Butter
2 Eier, 3 Prisen Salz

Für die Füllung:
100 g geriebene Nüsse
100 g Zucker
100 g feine Kuchenbrösel oder fein
geriebene Löffelbiskuits
½ TL Zimt
ca. 75 ml heißes Wasser

Für die Glasur:
80 g Puderzucker, 60 ml Wasser

Zubereitung:

1. Zerbröckelte Hefe und Milch in
einem kleinen Kessel oder einer Schüssel unter leichtem Rühren handwarm
erwärmen und dann unter Zugabe der
Hälfte des Mehls in der Küchenmaschine oder mit dem Knethaken des
Handrührgerätes einen warmen
Vorteig herstellen und 30 Minuten stehen lassen (am besten in eine Schüssel
geben und mit einem sauberen
Küchentuch abdecken).

2. Zucker, Butter, Eier und Salz in
einer extra Schüssel zu einer schaumigen Masse rühren.

3. Anschließend die andere Hälfte
des Mehls sowie den Vorteig hinzufügen und alles gut miteinander
verkneten.

4. An einem warmen Ort eine
Stunde stehen lassen und dann auf
ca. 30 x 50 cm ausrollen.

5. Die Nüsse mit dem Zucker, den
Bröseln und dem Zimt vermengen.
Mit dem heißen Wasser die Masse zu
einer streichfähigen Füllung anrühren. Diese dann auf den Hefeteig
streichen. Den Teig der Länge nach
aufrollen, in die Form einlegen und
die Enden gut zusammendrücken.

6. Den Teig mit der Schere oder
einem Messer im Zickzack einschneiden und dann noch einmal
ca. 10 Minuten gehen lassen.

7. Anschließend im vorgeheizten
Backofen bei 180° C ca. 50 Minuten
backen. Danach in der Form auskühlen lassen.

8. Den Puderzucker mit dem Wasser
in einer kleinen Schüssel zu einer
dünnen Glasur anrühren. Den
Kuchen mit einem Pinsel damit
bestreichen.

Zutaten:

Für eine emaillierte oder Edelstahl-Backform: ca. 20 x 30 cm

Für den Hefeteig:
500 g Mehl
50 g Butter
50 g Zucker
2 Eier
20 g Frischhefe
200 ml Milch
abgeriebene Schale von
einer halben Zitrone
1 Pck. Vanillezucker

Außerdem:
20 g Butter
1 EL Zucker

Für die Füllung:
300 g Pflaumenmus

Für die Vanillesoße:
1 l Milch
1 Ei
200 g Zucker
1 Pck. Vanillepudding

Zubereitung:

1. Erwärmte Milch, Butter, Eier, Zucker, Vanillezucker, Zitronenschale und zerbröckelte Hefe verrühren und mit dem gesiebten Mehl zu einem Teig kneten.

2. Mit einem sauberen Küchentuch abgedeckt an einem warmen Ort ca. 15 Minuten einmal aufgehen lassen.

3. Den Teig in zehn Teile (ca. 80 g je Stück) teilen und etwas ruhen lassen.

4. Die Form mit reichlich Butter bestreichen und Zucker einstreuen.

5. Nun die Teigballen flach drücken, dass sie ca. 10 cm Durchmesser haben. In die Mitte das Pflaumenmus geben und den Teigrand nach oben ziehen, somit die Marmelade sauber einschließen.

6. Mit der glatten Oberfläche nach oben in die Form setzen, mit einem Tuch abdecken und gehen lassen, bis sie fast doppelt so groß sind.

7. Im vorgeheizten Backofen bei ca. 180° C 30 Minuten backen.

8. Milch und Zucker aufkochen. Das Puddingpulver mit etwas Milch und dem Ei in einer kleinen Schüssel glatt rühren. Anschließend in die kochende Milch einrühren.

9. Die noch warmen Rohrnudeln mit der Vanillesoße servieren.

Zutaten:

Für ein Backblech: ca. 35 x 40 cm

Für den Hefeteig: (Wichtig: Alle Zutaten mit Zimmertemperatur verwenden.)
250 ml Milch
20 g Frischhefe, 50 g Zucker
1 Ei, 50 g Butter
2 Prisen Salz, 500 g Mehl

Außerdem:
Backpapier

Für die Streusel:
250 g Butter, 220 g Zucker
etwas abgeriebene Zitronenschale
1 Pck. Vanillezucker, 1 Prise Salz
500 g Mehl

Zum Bestreuen:
50 g Puderzucker

Zubereitung:

1. Die leicht erwärmte Milch mit zerbröckelter Hefe, Zucker und Ei in einer Schüssel gut verrühren, danach die Butter, Salz und das gesiebte Mehl dazugeben.

2. Alles mit dem Knethaken der Küchenmaschine kneten, bis der Teig glatt ist und sich vom Schüsselrand löst.

3. Den fertigen Teig unter einem feuchten Tuch ca. 30 Minuten gehen lassen und danach noch einmal mit den Händen kräftig durchkneten.

4. Butter, Zucker, Zitronenschale, Vanillezucker und Salz gut verkneten, das Mehl dazugeben und auf einer glatten Arbeitsfläche mit den Händen zu Streuseln verreiben.

5. Den Teig ausrollen und auf ein mit Backpapier belegtes Blech legen. Den Teig mit einer Gabel einstechen und die Streusel darauf streuen.

6. Den Kuchen ca. 30 Minuten stehen lassen und dann im vorgeheizten Backofen bei 200° C ca. 30 Minuten backen.

7. Nach dem Abkühlen mit Puderzucker bestreuen und in gleich große Stücke schneiden.

Tipp:
Dieser Teig kann auf Vorrat hergestellt und zur späteren Verwendung problemlos einige Wochen im Tiefkühlfach (in Folie eingewickelt) aufbewahrt werden. Einfach am Abend vor Gebrauch aus dem Tiefkühlfach nehmen und in den Kühlschrank legen.

Zutaten:

Für ein Randblech: ca. 35 x 40 cm

Für den Hefeteig:
500 g Mehl, 80 g Zucker
80 g weiche Butter oder Margarine
250 ml Milch
1 Würfel Frischhefe
1 Pck. Vanillezucker, 1 Prise Salz

Außerdem: *Backpapier*

Für den Belag:
2 ½ kg Zwetschen

Zubereitung:

1. Die Milch erwärmen (nicht kochen). Das Mehl in eine Schüssel sieben und mit einem Löffel eine Mulde in die Mitte drücken. Die Hefe zusammen mit 1 TL Zucker hineingeben, etwa die Hälfte der Milch dazugießen, kurz verrühren und mit etwas Mehl bestäuben. Den so genannten Vorteig mit einem Tuch abdecken und ca. 15–20 Minuten an einem warmen Ort gehen lassen.

2. In der Zwischenzeit die Zwetschen waschen, abtropfen lassen und den Kern mit einem speziellen Zwetschenentkerner entfernen. Wer keinen Entkerner besitzt: Zwetschen zur Hälfte aufschneiden (nicht durchschneiden), Kern entfernen und die zusammenhängenden Hälften

jeweils zu ⅓ einschneiden, so dass vier Spitzen entstehen.

3. Dem Vorteig die restlichen Zutaten hinzufügen und mit den Knethaken des Handrührgerätes schnell verarbeiten, bis sich der Teig vom Schüsselrand löst. Wiederum mit dem Tuch abdecken und weitere 20 Minuten ruhen lassen.

4. Den Hefeteig aus der Schüssel nehmen und auf der bemehlten Arbeitsfläche mit einem Nudelholz etwa in Größe des Backblechs ausrollen. Das Backblech einfetten oder mit Backpapier auslegen und den Teig darauf legen. Die Ränder leicht hochdrücken, den Teig mit dem Tuch abdecken und weitere fünf Minuten gehen lassen.

5. Danach die vorbereiteten Zwetschen schuppenförmig auf den Teig setzen, abdecken und weitere 10–15 Minuten gehen lassen. Im vorgeheizten Backofen bei 200–225° C ca. 40–45 Minuten backen.

6. Nach Ablauf der Backzeit den Kuchen kurz abkühlen lassen, rasch vom Blech nehmen und auf einem Kuchengitter erkalten lassen. Danach in Stücke schneiden und kurz vor dem Servieren je nach Geschmack nur mit Zucker bestreuen oder zusätzlich noch mit Sahne servieren.

Zwetschenkuchen

Zutaten:

Für einen runden Tortenring
mit 26 cm Durchmesser

Für den Biskuitboden:
4 Eier, 140 g Zucker
80 g Mehl, 80 g Speisestärke
15 g Kakao, 1 Msp. Backpulver

Außerdem:
Backpapier

Für die Füllung:
1 Dose Williamsbirnen (à 850 ml)
600 g Sahne, 7 Blatt Gelatine
80 g Zucker, 4 cl Williamsbirnengeist
180 g dunkle Kuvertüre

Zum Garnieren:
150 g geschlagene Sahne
Birnenspalten

Zubereitung:

1. Eier und Zucker mit dem Handrührgerät schön schaumig schlagen.

2. Mehl, Speisestärke, Backpulver
und Kakao zusammen sieben.

3. Den Tortenring auf das Backpapier legen und das überstehende
Papier am Rand fest einschlagen, so
dass der Boden komplett verschlossen ist.

4. Die Mehlmischung mit einem
Kochlöffel behutsam unter die
Eimasse ziehen.

5. Die Masse in den Tortenring füllen und im vorgeheizten Backofen bei
180° C 30 Minuten backen. Den ausgekühlten Boden aus dem Ring lösen
und das Backpapier vom Boden
abziehen. Den Biskuitboden einmal
durchschneiden. Den Tortenring mit
Papier auslegen und den unteren
Boden wieder hineinlegen.

6. Die Birnen abtropfen lassen und
den Saft auffangen. Den Boden mit
den in Spalten geschnittenen Birnen
fächerförmig belegen. Die Sahne aufschlagen. In einem kleinen Topf den
Zucker mit ca. 100 ml Birnensaft
erwärmen, die Kuvertüre darin
schmelzen lassen, die in kaltem
Wasser eingeweichte Gelatine ausdrücken und in dem Topf auflösen.
Den Birnengeist hinzufügen.

7. Die geschlagene Sahne mit dem
Schneebesen einrühren. Die Hälfte
der Masse auf die Birnen in die Form
einfüllen.

8. Den oberen Biskuitboden einlegen, den Rest der Sahnecreme einfüllen und glatt streichen. Im Kühlschrank drei Stunden absteifen lassen.

9. Den Ring vorsichtig mit einem
Messer lösen, den Rand der Torte mit
geschlagener Sahne einstreichen und
die Oberfläche mit einem Sahnespritzbeutel wie auf dem Foto verzieren.

Zutaten:

Für ein Backblech: ca. 40 x 40 cm

Für die Biskuitmasse:
5 Eier
110 g Zucker
110 g Mehl

Für die Creme:
600 ml süße Sahne
200 g Erdbeermarmelade
50 g Zucker
7 Blatt Gelatine

Zum Garnieren:
100 ml steif geschlagene Sahne
50 g Puderzucker
5 Erdbeeren

Zubereitung:

1. Eier und Zucker mit dem Schneebesen über einem Wasserbad warm schlagen (35–40° C). Die Rührschüssel aufs Trockene stellen und mit dem Handrührgerät weiterschlagen, bis die Masse an Volumen gewonnen hat und abgekühlt ist.

2. Das Mehl sieben und von Hand mit dem Rührlöffel leicht unter die aufgeschlagene Eiermasse heben.

3. Das Blech mit Backpapier belegen und die Masse vorsichtig darauf verteilen.

4. Im vorgeheizten Backofen bei 200° C backen. Wenn der Teig schön braun ist, aus dem Ofen nehmen und auf ein mit Papier belegtes Brett oder den Tisch stürzen und auskühlen lassen.

5. Für die Creme die Sahne steif schlagen. Die Gelatine in kaltem Wasser einweichen, gut ausdrücken und zusammen mit der Hälfte der Marmelade in einem Topf erwärmen, bis sie sich aufgelöst hat. Die restliche Marmelade mit dem Zucker glatt rühren und alles unter die Sahne heben.

6. Anschließend das Backpapier abziehen, die Marmeladen-Sahne-Creme auf den Biskuit streichen. Die Papierunterlage auf einer Seite hochziehen und so die Rolle eng aufrollen.

7. Die Rolle mit Puderzucker bestäuben. Sahne-Rosetten mit dem Sahnespritzbeutel aufspritzen und die Rolle mit halbierten Erdbeeren verzieren.

60

Zutaten:

Für eine runde Kranzform
mit 26 cm Durchmesser

Für den Biskuit:
5 Eier
250 g Zucker
125 g Mehl
125 g Speisestärke
1 Msp. Backpulver
125 g Butter

Für den Krokant:
250 g Zucker
100 g gehobelte Mandeln

Für die Buttercreme:
400 g Butter
200 g Puderzucker
200 g Vanillepudding

Zum Verzieren:
16 Belegkirschen

Zubereitung:

1. Die Eier aufschlagen und den
Zucker dazugeben. Unter Rühren mit
dem Schneebesen auf kleiner Flamme
handwarm anwärmen.

2. Die Eiermasse in der Küchenmaschine oder mit dem Handrührgerät steif und schaumig schlagen.
Das Mehl mit der Speisestärke und
dem Backpulver sieben.

3. Die Butter schmelzen und das
Gesiebte mit viel Gefühl mit
einem Kochlöffel unter die

Eimasse heben. Nun die flüssige
Butter vorsichtig einrühren.

4. Die Masse in die gefettete Form
einfüllen und im vorgeheizten Backofen bei 180° C ca. 50 Minuten
backen. Anschließend den Biskuit
auf einem Gitter auskühlen lassen.
Für die Krokantmasse den Zucker
in einer Stielkasserolle nach und
nach auf heißer Flamme schmelzen.

5. Wenn die Masse flüssig ist, die
Mandeln einrühren. Die heiße Masse
sofort auf einem gefetteten Brett oder
Blech so flach wie möglich
ausstreichen.

6. Die Butter mit dem Puderzucker
schaumig schlagen und anschließend
den Vanillepudding einrühren. Den
gut ausgekühlten Kranz zweimal
durchschneiden. Jede Lage mit der
Buttercreme bestreichen und
anschließend den ganzen Kranz mit
der Creme bestreichen. Etwas Creme
für die Rosetten am Schluss aufhe-
ben.

7. Den Krokant mit dem Nudelholz
auf die gewünschte Körnigkeit zer-
stoßen. Den Kranz damit bestreuen
und mit der Creme Rosetten darauf
spritzen.

8. Auf die Rosetten die Belegkirschen legen.

Zutaten:

Für einen runden Tortenring
mit 26 cm Durchmesser

Für den Biskuitboden:
4 Eier, 130 g Zucker
100 g Mehl, 70 g Speisestärke
1 Msp. Backpulver, Backpapier

Für die Fruchtfüllung:
250 g rote Johannisbeeren (frisch
oder aus dem Tiefkühlfach)
200 ml Johannisbeersaft
100 g Zucker, 30 g Speisestärke

Für die Sahnefüllung:
600 g Sahne, 8 Blatt Gelatine
100 g Zucker
100 ml Johannisbeersaft

Zum Garnieren:
100 ml geschlagene Sahne
frische Johannisbeeren

Zubereitung:

1. Eier und Zucker mit dem Handrührgerät schön schaumig schlagen.
Mehl, Speisestärke und Backpulver
zusammen sieben.

2. Den Tortenring auf das Backpapier legen und das überstehende
Papier am Rand fest einschlagen,
so dass der Boden komplett verschlossen ist. Die Mehlmischung
mit einem Kochlöffel behutsam unter die Eimasse ziehen. Die Masse
in den Tortenring füllen und im
vorgeheizten Backofen bei
180° C 30 Minuten backen.

3. Den ausgekühlten Boden aus dem
Ring lösen und das Backpapier vom
Boden abziehen. Den Biskuitboden
einmal durchschneiden. Den Tortenring mit Papier auslegen und den
unteren Boden wieder hineinlegen.

4. Die Speisestärke mit etwas Johannisbeersaft anrühren. Den restlichen
Saft aufkochen, die Speisestärke einrühren, den Zucker beigeben, auf-
wallen und anschließend das Ganze
abkühlen lassen. Die Johannisbeeren
einrühren. Die Fruchtfüllung auf den
Biskuitboden streichen.

5. Die Sahne steif schlagen. In
einem kleinen Topf den Zucker mit
dem Johannisbeersaft erwärmen,
die in kaltem Wasser eingeweichte
Gelatine ausdrücken und in dem
Topf auflösen. Die leicht warme
Flüssigkeit mit dem Schneebesen in
die geschlagene Sahne einrühren.
Die Hälfte der Masse auf die Johannisbeeren streichen.

6. Den oberen Biskuitboden einlegen, den Rest der Sahnecreme
einfüllen und glatt streichen. Im Kühlschrank 4–5 Stunden absteifen lassen.

7. Den Ring abnehmen, den Rand
mit geschlagener Sahne einstreichen.
Die Oberfläche mit der restlichen
Sahne und Johannisbeeren dekorieren.

Johannisbeertorte

Zutaten:

Für einen runden Tortenring
mit 26 cm Durchmesser

Für den Biskuitboden:
4 Eier, 130 g Zucker
100 g Mehl, 70 g Speisestärke
1 Msp. Backpulver

Außerdem: Backpapier

Für die Füllung:
600 g Sahne, 500 g Magerquark
150 g Zucker, 9 Blatt Gelatine
100 ml Milch, 3 Eigelb, 1 Prise Salz,
etwas abgeriebene Zitronenschale

Zum Garnieren:
Puderzucker, Papierschablone

Zubereitung:

1. Eier und Zucker unter Rühren
mit dem Schneebesen auf kleiner
Flamme handwarm anwärmen.
Anschließend die Eimasse in der
Küchenmaschine oder mit dem
Handrührgerät schön schaumig
schlagen. Mehl, Speisestärke und
Backpulver zusammen sieben. Den
Tortenring auf das Backpapier legen
und das überstehende Papier am
Rand fest einschlagen, so dass der
Boden komplett verschlossen ist.

2. Die Mehlmischung mit einem
Kochlöffel behutsam unter die Eimasse ziehen. Die Masse in den
Tortenring füllen und im vorgeheizten Backofen bei 180° C
30 Minuten backen.

3. Den ausgekühlten Boden aus
dem Ring lösen und das Backpapier
vom Boden abziehen. Den Biskuitboden einmal durchschneiden. Den
Rand des Tortenrings mit Papier auslegen und den unteren Boden wieder
hineinlegen.

4. Für die Füllung das Eigelb, die
Milch und den Zucker bei mittlerer
Hitze (ca. 50° C) in einem Wasserbad
schaumig schlagen.

5. Die Gelatine in kaltem Wasser
einweichen. Anschließend ausdrücken
und in der heißen Eimasse auflösen.

6. Den Magerquark einrühren, bis
eine glatte Masse entsteht. Die aufgeschlagene Sahne unterheben und die
Masse in den Tortenring füllen. Den
Biskuitdeckel auflegen und die Torte
im Kühlschrank 4–5 Stunden absteifen lassen.

7. Den Ring abnehmen, das Papier
abziehen und die Torte mit Puderzucker bestäuben. Dabei entsteht ein
dekoratives Muster, wenn Sie eine
Papierschablone nach Wahl verwenden.

Wichtig: Für dieses Rezept aufgrund
der Salmonellen-Gefahr ausschließ-
lich frische Qualitäts-Eier verwenden!
Torte nur gut gekühlt, maximal einen
Tag, aufbewahren.

Käsesahnetorte

Zutaten:

*Für einen runden Tortenring
mit 26 cm Durchmesser*

Für den Biskuitboden:
4 Eier, 130 g Zucker
100 g Mehl, 50 g Speisestärke
1 Msp. Backpulver, 20 g Kakao

Außerdem: *Backpapier*

Für die Fruchtfüllung:
1 Glas Sauerkirschen (à 850 ml)
50 g Zucker, 30 g Speisestärke

Für die Sahnefüllung:
700 ml Sahne, 7 Blatt Gelatine
100 g Zucker, 50 g Kirschwasser
50 ml Wasser

Zum Garnieren:
100 ml geschlagene Sahne
50 g Blockschokolade
8 Belegkirschen

Zubereitung:

1. Eier und Zucker mit dem Handrührgerät schön schaumig schlagen.
Mehl, Speisestärke, Backpulver und
Kakao zusammen sieben. Den Tortenring auf das Backpapier legen und
das überstehende Papier am Rand
fest einschlagen, so dass der Boden
komplett verschlossen ist.

2. Die Mehlmischung behutsam mit
einem Kochlöffel unter die Eimasse
heben. Die Masse in den Tortenring füllen und im vorgeheizten Backofen bei 180° C
30 Minuten backen.

3. Den ausgekühlten Boden aus
dem Ring lösen und das Backpapier
abziehen. Den Biskuitboden einmal
durchschneiden und den unteren Boden erneut in den Ring legen.

4. Die Sauerkirschen abgießen und
den Saft auffangen. Die Speisestärke
mit etwas Kirschsaft anrühren. Den
Rest aufkochen, die Speisestärke einrühren, den Zucker beigeben und das
Ganze abkühlen lassen. Dann die
Kirschen unterrühren. Die Kirschfüllung auf dem Biskuitboden verteilen.

5. Die Sahne aufschlagen. In einem
kleinen Topf Zucker und Wasser erwärmen, die in kaltem Wasser eingeweichte Gelatine ausdrücken und in
dem Topf auflösen. Kirschwasser
hinzugeben.

6. Die leicht warme Flüssigkeit mit
dem Schneebesen in die geschlagene
Sahne einrühren. Die Hälfte der Masse auf die Kirschen streichen. Den
oberen Biskuitboden einlegen, den
Rest der Sahnecreme einfüllen und
glatt streichen. Im Kühlschrank ca.
vier Stunden absteifen lassen.

7. Den Ring abnehmen, den Rand
mit der geschlagenen Sahne einstreichen, 16 Rosetten aufspritzen und die
halbierten Belegkirschen auflegen. Die
Schokolade mit einem Messer oder
einem Gurkenhobel darüber hobeln.

Zutaten:

Für eine runde Springform
mit 26 cm Durchmesser

Für den Mürbteig:
175 g Zucker
350 g Butter
1 Ei
1 Prise Salz
500 g Mehl
Semmelbrösel

Für die Füllung:
1 200 g Äpfel
150 g Zucker
100 g Sultaninen
1 Msp. Zimt

Zum Verzieren:
100 g Puderzucker
ca. 30 ml Wasser
50 g gehobelte Mandeln

Zubereitung:

1. Zucker, Butter, Ei und Salz in eine Schüssel geben und in der Küchenmaschine oder mit den Knethaken des Handrührgerätes gut durchkneten. Mehl durchsieben und ebenfalls dazugeben, kneten, bis ein glatter Mürbteig entsteht. Nicht zu lange kneten.

2. Den Teig vor Verwendung mindestens 30 Minuten kalt stellen. Dazu am besten flach auf ein Brett drücken.

3. ⅔ des Mürbteiges 1 cm stark ausrollen und damit die eingefettete Springform und den Rand 4 cm hoch auslegen.

4. Den Boden der ausgelegten Form dünn mit Semmelbröseln bestreuen.

5. Die Äpfel schälen, entkernen und in kleine Scheiben schneiden. Diese mit dem Zucker, den Sultaninen und dem Zimt mischen. Anschließend die Füllung in die Springform geben.

6. Vom restlichen Mürbteig einen Teigdeckel ausrollen und in die Springform einlegen. Mit einer Gabel mehrmals einstechen.

7. Den Kuchen im vorgeheizten Backofen bei 200° C ca. 30 Minuten backen.

8. Den Puderzucker mit dem Wasser in einer kleinen Schale zu einer Glasur rühren. Den heißen Kuchen sofort damit glasieren und gehobelte Mandeln aufstreuen.

Gedeckter Apfelkuchen

Zutaten:

Für eine runde Springform
mit 26 cm Durchmesser

Für den Mürbteig:
100 g Zucker
200 g Butter
1 Ei
1 Prise Salz
einige Tropfen Zitronenaroma
300 g Mehl
Semmelbrösel

Für die Quarkmasse:
¼ l Milch
150 g Zucker
½ Pck. Vanillepudding
2 Eier
750 g Magerquark
einige Tropfen Zitronenaroma

Für die Streusel:
100 g Zucker
100 g Butter
200 g Mehl

Zubereitung:

1. Zucker, Butter, Ei, Salz und
Zitronenaroma in eine Schüssel
geben und gut durchkneten. Mehl
durchsieben und ebenfalls dazugeben,
kneten, bis ein glatter Mürbteig entsteht. (Achtung: Nicht zu lange
kneten!)

2. Den Teig vor Verwendung mindestens 30 Minuten kalt stellen.
Dazu am besten flach auf ein Brett
drücken.

3. Den Mürbteig 1 cm stark ausrollen und damit die gefettete Springform und den Rand ca. 4 cm hoch
auslegen.

4. Den Boden der ausgelegten Form
dünn mit Semmelbröseln bestreuen.

5. Zucker und Butter kurz kneten
und mit dem Mehl zwischen den
Händen zu Streuseln verreiben.

6. Puddingpulver und Eier mit
etwas Milch in einer kleinen Schüssel
mit dem Schneebesen verrühren. Die
restliche Milch und den Zucker in
einem großen Topf zum Kochen bringen und das Puddinggemisch unter
ständigem Rühren hinzufügen.

7. Quark und Zitronenaroma in die
kochende Masse einrühren, alles in
die Form gießen und glatt
verstreichen.

8. Die glatte Oberfläche gleichmäßig
mit den Streuseln bestreuen.

9. Den Kuchen bei 200° C ca. 30
Minuten im vorgeheizten Backofen
backen, bis die Oberfläche leicht
braun wird.

10. Den Kuchen gut auskühlen lassen und servieren.

Käse~Streusel~Kuchen

Zutaten:

**Für eine runde Springform
mit 26 cm Durchmesser**

Für den Mürbteig:
170 g Zucker, 330 g Butter
1 Ei, 1 Prise Salz
500 g Mehl
Semmelbrösel

Für die Füllung:
1 Glas Sauerkirschen oder
Schattenmorellen (à 850 ml)
300 ml Saft von den Kirschen
(Fehlmenge auffüllen mit Wasser oder
Kirschsaft)
50 g Speisestärke, 50 g Zucker

Zum Verzieren:
ca. 50 g Puderzucker

Zubereitung:

1. Zucker, Butter, Ei und Salz in eine Schüssel geben und in der Küchenmaschine oder mit dem Knethaken des Handrührgerätes gut durchkneten. Mehl durchsieben und ebenfalls dazugeben, kneten, bis ein glatter Mürbteig entsteht. (Achtung: Nicht zu lange kneten!)

2. Den Teig vor Verwendung mindestens 30 Minuten kalt stellen. Dazu am besten flach auf ein Brett drücken.

3. ⅔ des Mürbteiges 1 cm stark ausrollen und damit den Boden der eingefetteten Springform und den Rand 4 cm hoch auslegen.

4. Den Boden der ausgelegten Form dünn mit Semmelbröseln bestreuen.

5. Die Kirschen abgießen und den Saft auffangen. Die Speisestärke in einer kleinen Schüssel mit etwas Saft

anrühren. Den übrigen Saft aufkochen und anschließend die Speisestärke in die kochende Flüssigkeit einrühren.

6. Zucker und Kirschen hinzufügen. Die Kirschfüllung in die Springform füllen.

7. Vom restlichen Mürbteig einen Teigdeckel in Größe der Form ausrollen und auf die Kirschen auflegen. Den Deckel mit einer Gabel im Abstand von ca. 1 cm mehrmals einstechen.

8. Den Kuchen im vorgeheizten Backofen bei 200° C backen. Wenn die Oberfläche schön braun ist, ist der Kuchen fertig.

9. Nach dem Auskühlen mit Puderzucker bestäuben.

Zutaten:

Für eine runde Obstbodenform mit 28 cm Durchmesser

Für den Mürbteig:
125 g Zucker
1 Pck. Vanillezucker
250 g Butter
1 Prise Salz
2 Eier
500 g Mehl

Für den Belag:
2 EL Aprikosenmarmelade
ca. 600 g Früchte der Saison
1 Pck. Tortenguss klar

Zubereitung:

1. Zucker, Vanillezucker, Butter, Eier und Salz in eine Schüssel geben und in der Küchenmaschine oder mit den Knethaken des Handrührgerätes gut durchkneten. Mehl durchsieben und ebenfalls dazugeben, kneten, bis ein glatter Mürbteig entsteht. Nicht zu lange kneten.

2. Den Teig vor Verwendung ca. eine Stunde kalt stellen. Dazu am besten flach auf ein Brett drücken.

3. Den Mürbteig 1 ½ cm dick ausrollen und in die eingefettete Springform legen. Die überstehenden Ränder abschneiden. Den Teig mehrmals mit einer Gabel einstechen.

4. Den Boden im vorgeheizten Backofen bei 200° C ca. 25 Minuten backen, bis er goldbraun ist.

5. Den Boden etwas abkühlen lassen und dann vorsichtig aus der Form lösen.

6. Die Oberfläche des Bodens mit der Aprikosenmarmelade bestreichen.

7. Die Früchte gut waschen und je nach Fruchtsorte vierteln, fächern oder halbieren und den Boden nach Geschmack belegen.

8. Den fertig belegten Boden mit einem Pinsel mit dem nach Packungsanleitung zubereiteten Tortenguss bestreichen.

Tipp: Den übrigen Teig ca. ½ cm dick ausrollen, mit Förmchen ausstechen und im Backofen bei 200° C ca. 10 Minuten goldbraun backen. Somit haben Sie gleich noch ein paar leckere Plätzchen für die nächste Teestunde.

Zutaten:

**Für eine runde Springform
mit 26 cm Durchmesser**

Für den Teig:
250 g Mehl
200 g Butter, 150 g Zucker
200 g geriebene Mandeln
4 Eigelb, ½ TL Zimt
Schale einer halben Zitrone

Für die Füllung:
350 g Preiselbeermarmelade
Backoblaten passend für die Form

Zubereitung:

1. Butter, Zucker, Eigelb, Zimt, Zitronenschale und geriebene Mandeln mit dem gesiebten Mehl in der Küchenmaschine oder mit dem Handrührgerät zu einem Teig verkneten.

2. Den Teig ca. 30 Minuten kalt stellen. Dann den Teig halbieren, die eine Hälfte ausrollen, in die eingefettete Form einlegen und mit Backoblaten belegen.

3. Auf die Oblaten die Marmelade verstreichen, wobei ein 2 cm breiter Rand frei bleibt.

4. Aus dem restlichen Teig zum einen einen langen Strang für den Rand des Kuchens rollen und zum anderen den Teig ca. 0,5 cm dick ausrollen und mit dem Teigrädchen in ca. 2 cm breite Streifen schneiden. Diese dann im Rautenmuster über die Marmelade legen.

5. Den Strang auf den Rand drücken, so dass beim Backen die Marmelade nicht auslaufen kann.

6. Den Kuchen bei 180° C im vorgeheizten Backofen 30 Minuten lang backen.

Zutaten:

Für eine runde Springform
mit 26 cm Durchmesser

Für den Mürbteig:
500 g Mehl
330 g Butter
170 g Puderzucker
1 Ei
1 Prise Salz

1 TL Vanillezucker
Semmelbrösel

Für die Füllung:
1 Päckchen Vanillepuddingpulver
40 g Zucker
500 ml Milch, 50 g Butter
4 cl Rum
3–4 große Äpfel

Zubereitung:

1. Butter, Puderzucker, Ei, Salz und
Vanillezucker in eine Schüssel geben
und gut durchkneten. Mehl durchsieben und ebenfalls dazugeben, kneten,
bis ein glatter Mürbteig entsteht.
(Achtung: Nicht zu lange kneten!)

2. Den Teig vor Verwendung mindestens 30 Minuten kalt stellen. Dazu am
besten flach auf ein Brett drücken.
Den Backofen auf ca. 200° C
vorheizen.

3. Den Mürbteig ca. 1 cm gleichmäßig dick ausrollen und damit die eingefettete Springform und den Rand 4 cm
hoch auslegen. Danach dünn mit
Semmelbröseln ausstreuen.

4. Die Äpfel schälen, vierteln und
vom Kerngehäuse befreien. Den
Mürbteigboden kranzförmig dicht
damit auslegen.

5. Den Vanillepudding nach Pa-
ckungsanweisung zubereiten und
anschließend Rum und Butter zugeben. Den frisch gekochten Vanillepudding über die Äpfel gießen,
gleichmäßig verteilen und den
Kuchen in den Backofen schieben.

6. Die Backzeit ist zu Ende, wenn
sich die Oberfläche des Kuchens
leicht braun färbt. Den Kuchen etwas
abkühlen lassen und dann vorsichtig
aus der Springform lösen.

Tipp:
*Der Mürbteig sollte mit den angege-
benen Mengen hergestellt werden,
weil sonst der Teig beim Kneten zu
weich werden kann.*
*Dieser Mürbteig kann auch auf Vor-
rat hergestellt und zur späteren Verwendung problemlos einige Tage im
Kühlschrank oder sogar für einige
Wochen im Tiefkühlfach (in Folie
eingewickelt) aufbewahrt werden.
Einfach eine Stunde vor Gebrauch
aus dem Kühlschrank bzw. am Vor-
abend aus dem Tiefkühlfach nehmen.*

Schwäbischer Apfelkuchen

Zutaten:

Für eine runde Springform
mit 26 cm Durchmesser

Für den Teig:
80 g Butter
50 g Schmalz
1 Ei
100 ml Wasser
250 g Mehl

Für die Füllung:
500 g Zwiebeln
120 g Speckwürfel
etwas Butter

Für die Eiermilch:
3 Eier
¼ l Milch oder Sahne
20 g Mehl
3 Prisen Salz

Zubereitung:

1. Butter, Schmalz, Ei und Wasser
zusammen mit dem gesiebten Mehl zu
einem Teig verkneten. Den Teig schnell
und nicht zu lange kneten, sonst wird
er zäh. Anschließend ca. 10 Minuten
ruhen lassen.

2. Die Zwiebeln schälen, in feine
Ringe schneiden und mit den
Speckwürfeln in einer Pfanne mit
etwas Butter hell andünsten.

3. Für die Eiermilch alle Zutaten gut
verquirlen, bis eine homogene Flüssigkeit entsteht.

4. Den Teig ausrollen und in die
gefettete Springform legen. Den Rand
etwas hochdrücken.

5. Die Zwiebelfüllung gleichmäßig
in der Form verteilen und die
Eiermilch darüber gießen.

6. Im vorgeheizten Backofen bei
180° C 30 Minuten backen. Der
Kuchen ist fertig, wenn die
Oberfläche schön braun ist.

7. Den Zwiebelkuchen am besten
noch warm zu einem Glas
Federweißen servieren.

Zwiebelkuchen

Register

© 2004 SAMMÜLLER KREATIV GmbH

Genehmigte Lizenzausgabe
EDITION XXL GmbH
Fränkisch-Crumbach 2009
www.edition-xxl.de

Fotografie: design cat, Agentur für
Kommunikation, München
Illustrationen: Corinna Panayi-Konrad
Titelillustration mit freundlicher
Genehmigung der
Fa. Franz Tress GmbH & Co. KG,
72525 Münsingen

ISBN (13) 978-3-89736-138-6
ISBN (10)   3-89736-138-8